Billy

Argraffiad cyntaf: 2024
© testun Jessica Dunrod, 2024
© lluniau Selom Sunu, 2024

Mae hawlfraint ar gynnwys y llyfr hwn ac mae'n anghyfreithlon i lungopïo neu atgynhyrchu unrhyw ran ohono trwy unrhyw ddull ac at unrhyw bwrpas (ar wahân i adolygu) heb gytundeb ysgrifenedig y cyhoeddwr ymlaen llaw.

Cynhyrchwyd y gyfrol hon gyda chymorth ariannol Cyngor Llyfrau Cymru.

Rhif llyfr rhyngwladol:
978-1-914303-36-4

Cyhoeddwyd yng Nghymru gan Lyfrau Broga, Yr Eglwys Newydd

www.broga.cymru

Bywyd Pwerus Billy Boston

Geiriau gan Jessica Dunrod
Lluniau gan Selom Sunu

Glywaist ti erioed am le o'r enw Tiger Bay?

Mae Tiger Bay yn lle arwrol – rhywle lle cafodd enillwyr eu geni gan fyw bywydau ry'n ni'n cofio yn ein hanes ac yn eu dathlu yn ein llyfrau.

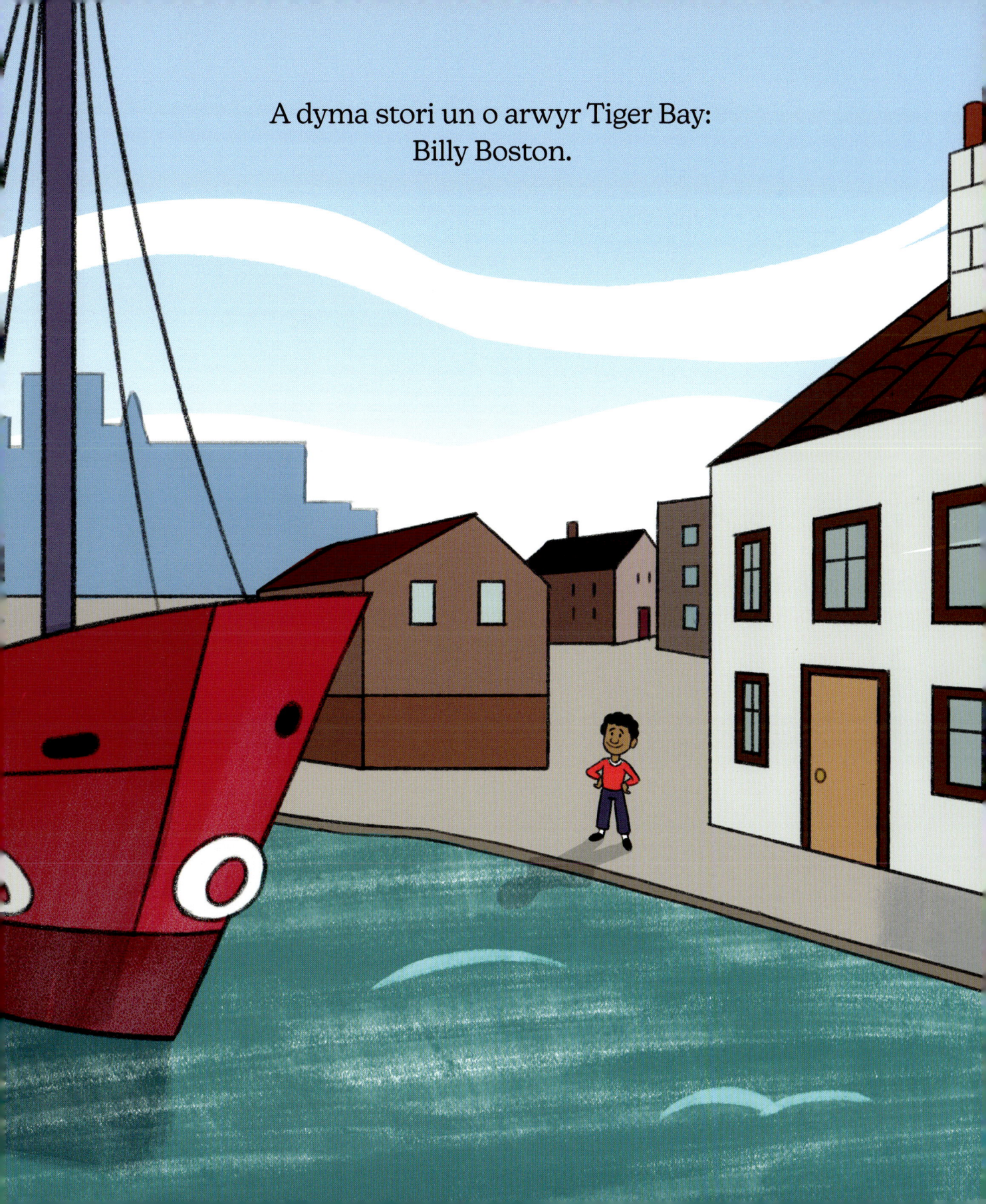

A dyma stori un o arwyr Tiger Bay: Billy Boston.

Cafodd William John Boston ei eni yn 7 Angelina Street, Tiger Bay, Caerdydd yn 1934 – yn un o un ar ddeg o blant.

Roedd pawb yn ei nabod fel 'Billy'.

Breuddwyd Billy oedd chwarae i Gaerdydd,
neu dros Gymru hyd yn oed, rhyw ddydd.

Pan redai Billy, doedd neb yn gallu ei ddal.

Roedd ganddo gyflymder. Roedd ganddo dalent.

Roedd ganddo bŵer!

Tyfodd Billy, ond er ei dalent, a'i bŵer, a'i gyflymder, cafodd Billy ei anwybyddu gan glwb Caerdydd, a thîm Chymru, er ei fod yn hen ddigon da i gael ei ddewis i chwarae.

Bryd hynny, doedd pobl fel Billy ddim yn cael eu trin yn deg.

Doedden nhw ddim yn cael chwarae ymhob gêm nac i bob tîm.

Fe gafon nhw eu trin yn greulon fel hyn oherwydd lliw eu croen.

Roedd y sefyllfa'n drist ac yn anghywir.

Ond wnaeth Billy ddim gadael i'r annhegwch ei stopio rhag chwarae'r gêm yr oedd yn ei charu.

Ymunodd gyda thîm Castell-nedd, gan sgorio llawer o geisiau.

Yna, un diwrnod, cafodd alwad gan dîm Wigan, yn Lloegr. Roedden nhw'n cynnig llawer o arian iddo chwarae iddyn nhw.

Doedd Billy ddim eisiau symud mor bell o gartref, ond, yn y diwedd, sylweddolodd mai hwn fyddai ei gyfle i wneud bywoliaeth trwy chwarae rygbi.

Felly, ar ôl noson o grio drwy'r nos, gadawodd Billy Gaerdydd ac aeth ar ei daith hir i ogledd Lloegr.

O'r cychwyn cyntaf, roedd Billy yn seren yn Wigan.

Roedd o'n gyflym. A dawnus. A phwerus!

A doedd neb yn gallu ei stopio.

Safle Billy oedd ar yr asgell, a phan fyddai'n derbyn y bêl a dechrau rhedeg, byddai'n curo tacl ... ar ôl tacl ... ar ôl tacl!

Gyda help Billy, enillodd Wigan bopeth! Daeth timau eraill i ofni'r cawr ar yr asgell – oedd mor gyflym, er ei fod mor fawr a chryf.

Ond oddi ar y cae, roedd Billy yn ddyn gwahanol.

Roedd yn ddyn caredig oedd wastad yn barod i siarad ag unrhyw un.

Er na chafodd ei ddewis i chwarae dros Gymru, chwaraeodd Billy 31 o weithiau dros Brydain.

Teithiodd o amgylch y byd yn chwarae rygbi, a thorrodd record pan deithiodd i Seland Newydd ac Awstralia yn 1954, gan sgorio 36 cais mewn 18 gêm.

Daeth Billy yn seren fyd-eang!

Erbyn iddo orffen chwarae rygbi, roedd wedi sgorio 572 cais mewn 562 gêm! Does neb arall o Brydain wedi sgorio cymaint.

Teimlai pobl Wigan gariad enfawr tuag at Billy. Yn 2016, fe godon nhw gerflun efydd, pwerus iddo yn sgwâr y dref.

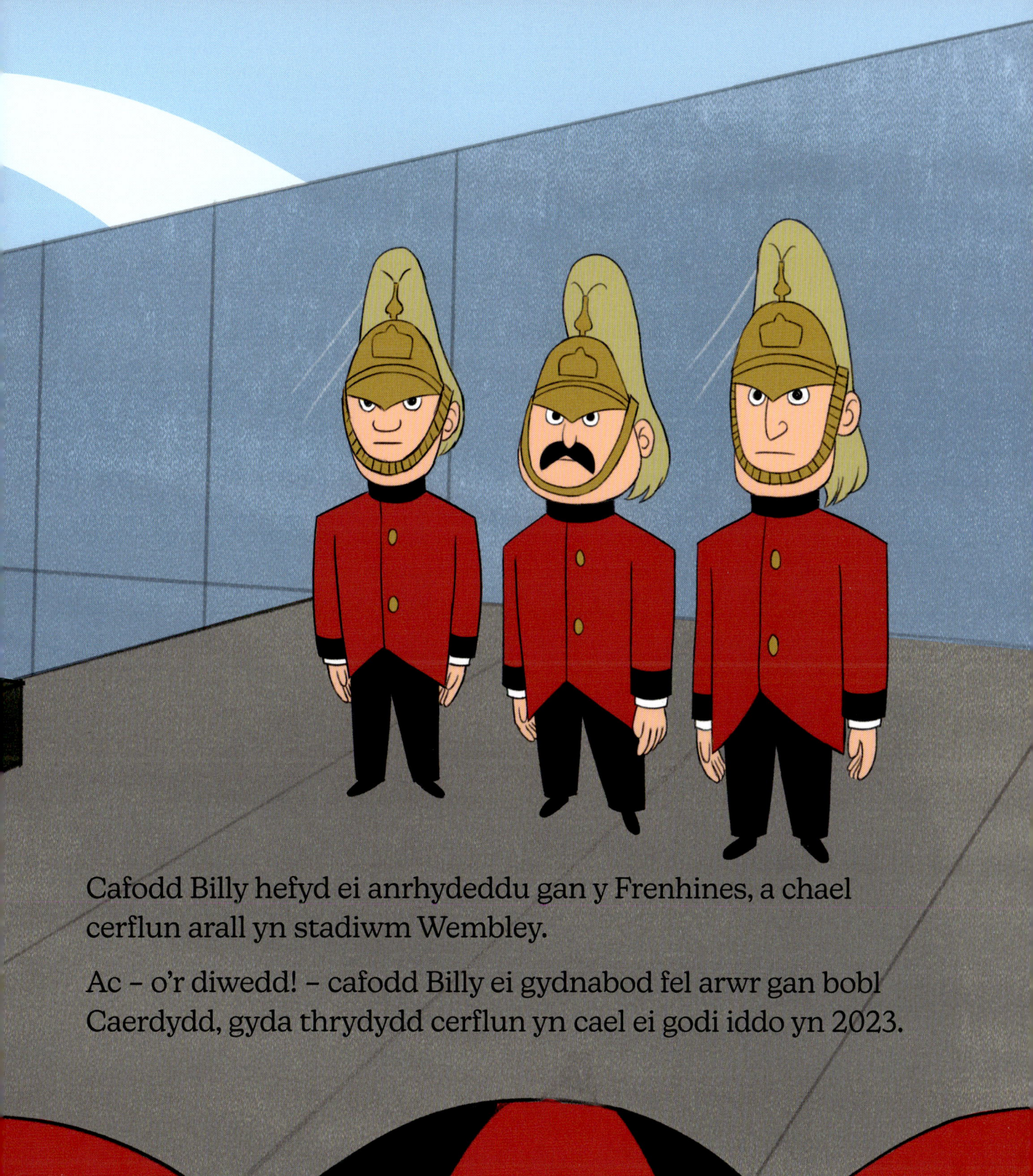

Cafodd Billy hefyd ei anrhydeddu gan y Frenhines, a chael cerflun arall yn stadiwm Wembley.

Ac – o'r diwedd! – cafodd Billy ei gydnabod fel arwr gan bobl Caerdydd, gyda thrydydd cerflun yn cael ei godi iddo yn 2023.

Cafodd Billy yrfa aeth y tu hwnt i'w freuddwydion.

Oherwydd ei fod mor dalentog – ac mor benderfynol – fe wnaeth e lwyddo, er pob rhwystr ac annhegwch.

Erbyn hyn, mae'n cael ei ystyried fel un o'r chwaraewyr rygbi gorau a fuodd erioed.

Arwr o Gymro – arwr o Tiger Bay.

Hefyd yng nghyfres

Enwogion o Fri

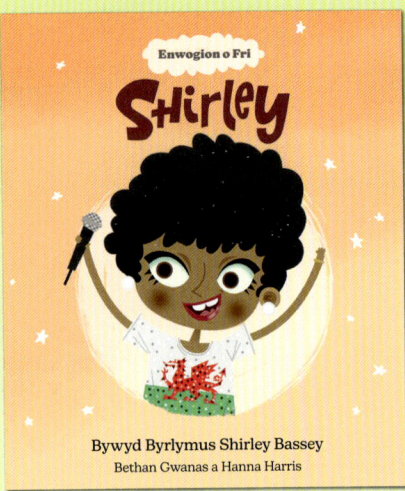

Shirley Bassey
Hanes y ferch o Tiger Bay a ddaeth yn seren bop fyd-enwog.

Cranogwen
Merch wnaeth herio'r drefn, o hwylio llongau i farddoni, mewn oes lle nad oedd cyfleoedd cyfartal i ferched.

Gwen John
Stori'r ferch dawel a ddilynodd ei breuddwyd a dod yn un o artistiaid gorau Cymru.

Orig Williams
Y reslwr cryf oedd yn enwog ar draws y byd fel 'El Bandito'.

Ann Griffiths
Y bardd a'r emynydd sensitif wnaeth ysgrifennu caneuon a ysbrydolodd y genedl.

Aneurin Bevan
Y gwleidydd poblogaidd wnaeth ymladd dros degwch a sefydlu'r Gwasanaeth Iechyd Gwladol.

Betty Campbell
Hanes ysbrydoledig prifathrawes Ddu gyntaf Cymru, wnaeth frwydro dros ei chymuned.

Alfred Russel Wallace
Y gwyddonydd anturus wnaeth deithio'r byd gan wneud darganfyddiadau hynod.

Darganfyddwch fwy am fywydau ysbrydoledig pobl o Gymru, o artistiaid a gwyddonwyr, i bobl wnaeth herio'r drefn a goresgyn pob math o rwystrau i gyflawni eu breuddwydion.

broga.cymru